DISCOURS

prononcé le 4 août 1881, à Ars

PAR

SA GRANDEUR MONSEIGNEUR SOUBIRANNE

Évêque de Belley

POUR L'ANNIVERSAIRE DE LA MORT

du

VÉNÉRABLE VIANNEY

ET L'INAUGURATION D'UNE STATUE MONUMENTALE

de

SAINTE PHILOMÈNE

Patronne de la paroisse d'Ars

BOURG

IMPRIMERIE J.-M. VILLEFRANCHE

1881

DISCOURS

prononcé le 4 août 1881, à Ars

PAR

SA GRANDEUR MONSEIGNEUR SOUBIRANNE

Évêque de Belley

POUR L'ANNIVERSAIRE DE LA MORT

du

VÉNÉRABLE VIANNEY

ET L'INAUGURATION D'UNE STATUE MONUMENTALE

de

SAINTE PHILOMÈNE

Patronne de la paroisse d'Ars

BOURG

IMPRIMERIE J.-M. VILLEFRANCHE

—

1881

DISCOURS

prononcé le 4 août 1881, à Ars

PAR

SA GRANDEUR MONSEIGNEUR SOUBIRANNE

Evêque de Belley

POUR L'ANNIVERSAIRE DE LA MORT

du

VÉNÉRABLE VIANNEY

ET L'INAUGURATION D'UNE STATUE MONUMENTALE

de

SAINTE PHILOMÈNE

PATRONNE DE LA PAROISSE D'ARS

> *Super salutem et speciem dilexi illam, et proposui pro luce habere illam.*
>
> Plus que la vie, plus que la beauté terrestre, j'ai chéri cette vierge, et je l'ai placée devant moi comme une lumière.
>
> *Au livre de la Sagesse, chap.* VII, v. 10.

MES FRÈRES,

Ces paroles viennent d'elles-mêmes sur mes lèvres, quand je pense à l'amour de prédilection que le vénérable Jean-Marie-Baptiste Vianney avait voué à sainte Philomène. J'ai toujours admiré comment ce prêtre qui, par l'exercice continuel des plus rudes mortifications, avait conquis un empire incroyable sur tous ses mouvements, même les plus imprévus, semblait, au nom seul de sainte Philomène, entrer dans une sorte d'enthousiasme. Dès que ce nom était prononcé, nous disent les témoins de sa vie, le saint homme tressaillait : sur sa figure, amaigrie par les austérités, errait un sourire d'une douceur ineffable, et ses yeux, oh ! ses yeux ! ils jetaient une flamme encore plus vive et plus pénétrante. — Comme s'il voyait la sainte à travers l'espace, il perçait jusque dans le ciel : elle lui apparaissait, la jeune vierge martyre, dans toute sa splendeur, couronnée de lys et de roses ; dans l'élan de son cœur, il s'écriait : « *Chère petite sainte !* »

Qui ne connait ces trois mots ! Et ne font-ils pas partie de l'histoire de notre Vénérable ? A qui voudrait les méditer ils offrent tout un poème. — Pour moi, ils rappellent ce chapitre si beau de nos saints Livres, où le Sage décrit, avec tant d'effusion, son amour inépuisable, son culte enthousiaste pour la divine Sagesse. Il me parait plus beau que jamais ce chapitre, au moment où nous allons ériger ici la statue de sainte Philomène. Ne semble-t-il pas entendre le vénérable Vianney nous dire, comme le Sage : « Je l'ai invoquée et son esprit est venu en moi. Je l'ai préférée aux sceptres et aux couronnes ; les richesses m'ont paru un néant devant elle. Je ne lui ai comparé aucune pierre précieuse ; car, auprès d'elle, tout l'or du monde est une poignée de sable, et tout l'argent un peu de boue. Plus que la vie, plus que la beauté terrestre, j'ai chéri cette vierge, et je l'ai placée devant moi comme une lumière : *Super salutem et speciem dilexi illam, et proposui pro luce habere illam.* »

Arrêtons-nous à ces dernières paroles qui conviennent si bien à ce que nous devons faire aujourd'hui. — Jean-Marie-Baptiste Vianney a aimé sainte Philomène plus que tous les biens terrestres, *super salutem et speciem dilexi illam*; et il est arrivé ainsi à un complet détachement. Il s'est effacé toujours pour mettre en relief sa chère petite sainte, *proposui pro luce habere illam*; et il a eu de la sorte, dès son vivant, tout l'éclat de la sainteté dans l'humilité la plus parfaite.

O Marie ! vous que, dans ce siècle, on a vu entourer d'éclat notre jeune vierge martyre, qui fut une de vos plus fidèles imitatrices sur la terre, daignez nous obtenir encore aujourd'hui, pour orner les deux héros de cette fête, deux rayons du ciel, un pour sainte Philomène, un pour ce prêtre qui portait votre nom et qui vous a tant aimée. *Ave, Maria.*

I

Suivant la remarque de saint Augustin, Dieu qui nous a créés sans nous, ne nous sauvera pas sans nous. Pour cette seconde phase de notre existence, qui s'appelle l'autre vie, la vie définitive et éternelle, il faut notre coopération, il faut le concours des puissances de notre âme. Mais, ce qui est admirable, c'est la manière dont Dieu amène ce concours. — Tantôt, il se sert de nos passions, et, les laissant aller avec toute leur fougue, il utilise leur impétuosité même pour pousser une âme vers la sainteté : il laisse saint Paul, ce grand zélateur de la loi, courir à toute bride sur le chemin de Damas, comme un coursier fougueux auquel on donne son élan, afin de le jeter ensuite, par un coup d'éperon victorieux, à la conquête du monde. — D'autres fois, Dieu nous demande de marcher au rebours de nos passions, de faire volte-face, comme ce François de Sales, le plus irascible des hommes, qui deviendra le plus doux entre les saints.

Laquelle de ces deux voies Dieu employait-il envers ce jeune berger qui s'appelait Jean-Marie Vianney, et que j'aperçois s'en allant joyeux derrière son petit troupeau, à travers les champs et les haies qui entourent le village de Dardilly ? Comme cet enfant jouit de la belle nature qui, disons-le, semble, dans ce coin de terre, plus souriante qu'ailleurs ! Là, on dirait que le ciel est plus doux, l'air plus pur, le gazon plus tendre et plus verdoyant. Tout, jusqu'aux noms champêtres attachés à chaque lieu par la tradition populaire, parle à l'imagination. Dans ce val ombreux et solitaire si bien appelé du nom de Chantemerle, on entend résonner les concerts incessants de ces chantres aériens que l'on écouterait toujours sans se lasser jamais. Et puis, comme pour faire écho à ce concert, le ruisseau s'enfuit en murmurant sous la feuillée ; les abeilles bourdonnent en dépaissant la fleur des vieux saules, en caressant le calice des fleurs qui embaument l'atmosphère.

Mais que vois-je ? Confiant son troupeau à l'un de ses compagnons, le jeune berger s'en va, par les buissons et les haies, vers un vieil arbre, un chêne séculaire, dont les années ont creusé le tronc ; et là, comme dans un oratoire improvisé, il place une statuette de la Sainte-Vierge, il s'agenouille, et joignant les mains, il prie, il prie de toute la ferveur de son âme ; et le temps coule, et les heures passent, et le soleil arrive à son déclin, et le jeune Jean-Marie prie toujours. — Ah ! que j'aurais voulu entendre cette prière ! comme j'aurais suivi le mouvement de ces lèvres enfantines, et plongé dans ce regard pour y saisir, à son aurore, le rayon qui devait être bientôt une lumière ardente et brillante !

Comment savoir ce qui constituait le fond de cette prière, ce qui en faisait l'inspiration, ce qui en était l'âme ? Était-ce l'effusion d'un cœur aimant, qui, par une délicatesse native, ou par un don infus du Saint-Esprit, pénétrait au fond du livre mystérieux de la nature, en saisissait les plus lointaines significations, voyait dans les arbres et les plantes autant de voix qui lui disaient la bonté de Dieu pour les hommes et l'invitaient à s'épancher dans l'océan de l'amour ? — Noble besoin qu'éprouvent les âmes d'élite, et que notre jeune berger voulait peut-être satisfaire en s'enfonçant à l'écart dans le tronc du vieux chêne, pour y passer les heures et les journées entre la terre et le ciel. — Peut-être aussi, dans cette démarche quotidienne qui séparait Jean-Marie de ses compagnons, de ses jeux, de la prairie et de la liberté, de tout ce qu'aime le jeune âge, y avait-il un appel de Dieu qui demandait à cet enfant le sacrifice le plus opposé à sa nature. — Oui, il est ainsi : Dieu voulait, d'un cœur tendre et aimant, faire un des prêtres les plus détachés de ce siècle ; et il l'y menait, tantôt par le sacrifice, tantôt par la pente même de sa nature.

Tel nous venons de le voir dans les champs de Dardilly avec le petit troupeau de son père, tel vous l'avez vu, vous tous qui m'écoutez, dans cette paroisse d'Ars, au milieu de ce grand troupeau qui embrassait le diocèse de Belley, la France, l'Europe, et la chrétienté tout entière. Y avait-il une âme plus aimante que la sienne ? Y avait-il un prêtre plus détaché que lui ? — C'est à vous, M. F., de répondre sur ces deux questions ; et tout ce que je pourrais en dire ne serait jamais à la hauteur de ce que vous en pensez vous-mêmes. — Ne l'avez-vous pas vu, au milieu de vous, vivant comme s'il n'avait ni demeure, ni foyer, ni rien de ce qui est nécessaire à la vie, vivant comme s'il n'avait point de corps ? — Nouveau Jean-Baptiste, il renouvelle les austérités et les prodiges du désert. — Cette soutane, le seul vêtement qu'il eût en sa possession, et qu'il ne quittait que lorsqu'elle tombait en lambeaux ; ces gros souliers, jaunis par le temps ; et ce chapeau informe, et tout cet extérieur délabré qui, si souvent, dans les conférences ecclésiastiques, égaya ses confrères avant de les édifier, et dont lui-même disait en riant : « C'est assez bon pour le Curé d'Ars ! Qui voulez-vous qui s'en offusque ? Quand on a dit : c'est le Curé d'Ars, on a tout dit. » — Ne craignons pas, en effet, de tout dire, et n'allons pas nous retrancher derrière les élégances du style, pour louer le saint homme. — Suivons-le dans son presbytère, dans cette maison que vous avez raison de garder comme une relique ; quand, par une faveur enviée bientôt des plus grands personnages, on était admis à y pénétrer, quel spectacle ! — Il est encore là, ce lit dont les planches font le plus bel ornement. Les matelas, les coussins, la paillasse, allez chercher tout cela chez les pauvres auxquels l'homme de Dieu les a distribués successivement. — Et même ce peu de paille qui reste, attendez : chaque matin, tandis qu'il se reprochera son luxe prétendu, il la fera disparaître ; il la brûlera peu à peu, jusqu'à ce qu'enfin il ne reste que la planche toute nue. « Alors, nous dit une de ses pieuses filles dans ses mémoires, alors, M. le Curé sera content. »

Savez-vous qui ne sera pas content ? Ecoutez le vénérable Vianney : « — Le démon, dit-il, se moque de la discipline et des autres instruments de pénitence ; du moins, s'il ne s'en moque pas, il en fait peu de cas, et trouve encore moyen de s'arranger avec ceux qui en font usage. Mais ce qui le met en déroute, c'est la privation dans la nourriture et le sommeil. Il n'y a rien que le démon craigne tant, et qui soit plus agréable au bon Dieu. » — Oui, vraiment, vous deviez être agréable au bon Dieu, cher et vénérable prêtre, quand vous offriez en holocauste, sur l'autel de votre cœur, ces repas d'une odeur si suave qui embaumaient votre presbytère ! — Une main pieuse nous a conservé le menu de ces repas ; et dans un temps où des écrivains qui prétendent, non-seulement refléter, mais diriger l'opinion publique, viennent, entre deux articles, entre une diatribe contre les prêtres et un dithyrambe à nos persécuteurs, étaler des menus de haute fantaisie, qui sont un scandale pour les honnêtes gens et une insulte pour les pauvres, dans ce temps-ci, répétons les menus du Curé d'Ars : — Que vois-je ? — Des morceaux de pain noir qui ont traîné longtemps dans le sac des pauvres, et qu'il achète à grand prix. « Soyons heureux, disait-il un jour à un prêtre qui, à la seule vue de ces étranges repas, éprouvait d'affreuses nausées, soyons heureux, mon ami, de manger le pain des pauvres : ce sont les amis de Jésus-Christ. Il me semble que je suis à la table de Notre-Seigneur. »

Pour compléter ce repas, qu'attendez-vous, chrétiens ? Ecoutez les mémoires imprimés de sa vie : « Il faisait cuire des pommes de terre lui-même, et les mangeait tant qu'elles duraient. Il y en avait pour huit jours. Chaque soir, après la prière, en rentrant chez lui, il découvrait la marmite, souvent remplie de mousse, en tirait une ou deux pommes de terre, avalait un bassin d'eau fraîche là-dessus, et son souper était fait. »

Nous venons d'assister à ses grands repas ; tous n'étaient pas de même. Ecoutons-le décrire ses procédés culinaires ; je lui laisse la parole, (la parole des saints a un charme que rien ne supplée) : « Que j'étais donc heureux les premiers temps ! je n'avais pas tout ce monde sur les bras ; j'étais seul. Quand je voulais dîner, je ne perdais pas beaucoup de temps : trois *matefaims* faisaient l'affaire. — » Vous connaissez tous, M. F., ce mets que nos Bressans appellent des matefaims, sans doute parce qu'il tue la faim sans aiguiser l'appétit ; et vous pouvez supposer quel apprêt y apportait le Curé d'Ars. — « Trois matefaims, dit-il, faisaient l'affaire. Pendant que je cuisais le second, je mangeais le premier ; pendant que je mangeais le second, je cuisais le troisième. J'achevais mon repas en rangeant ma poêle et mon feu ; je buvais un peu d'eau ; et il y en avait quelquefois pour deux ou trois jours. »

Chaque fois que j'ai lu ces lignes, — et je les ai lues jusqu'à les savoir par cœur, — je me suis demandé quel était cet homme. — Etait-il de fer, ou avait-il la même nature que nous ? Sa poitrine était-elle trempée d'acier, ou agitée et soulevée par les mêmes sentiments que nous ? Et, pour tout dire enfin, aimait-il ? car c'est là toute la question ; aimait-il quelqu'un ou quelque chose ? Et qu'aimait-il, cet homme qui foulait si aisément aux pieds les choses mêmes auxquelles nous tenons invinciblement et, en quelque sorte, par la nécessité de notre existence ?

Ah ! M. F., j'ai honte d'avoir posé cette question devant vous : Ne savez-vous pas qu'il aimait les âmes, et comment il les aimait ? Entre les âmes les plus belles, il en avait distingué une ; et celle-là, il l'a aimée d'un amour profond et calme, fort et tendre, passionné et suave, un amour supérieur aux affections de la terre, tel, en un mot, que les anges le peuvent éprouver entre eux. Ecoutez l'origine et le développement de cet amour unique.

Les astronomes nous disent que, dans les espaces célestes, il y a des astres, plus grands et plus lumineux que le soleil, qui sont éloignés de nous par plusieurs milliards de lieues, et qui, malgré la vitesse à peine concevable avec laquelle se répand la lumière, mettent plusieurs siècles pour nous envoyer un de leurs rayons. — Tout à coup, le rayon apparait ; et un observateur heureux signale un nouvel astre au firmament. Un phénomène semblable se passe dans le monde moral, parmi les saints qui, au témoignage de nos saintes Ecritures, brillent au ciel comme des étoiles pendant toute l'éternité.

L'an 1802, une de ces étoiles parut tout à coup au firmament de l'Eglise : elle avait mis quinze siècles à nous envoyer son rayon. Pendant ce long espace de temps, elle était restée ignorée et confondue parmi ces légions de martyrs qui ont inondé la terre de leur sang durant les persécutions ; et il n'y avait d'elle d'autre vestige qu'un cercueil perdu dans le dédale des catacombes, sous la campagne romaine. — Mais l'étoile brillait au ciel ; et, un jour, elle envoya son rayon : c'était le 25 mai 1802. — En fouillant *la nouvelle voie Salaria*, dans les catacombes dites de sainte Priscille, on découvrit une tombe d'une apparence particulière, recouverte d'une table d'argile cuite, marquée de divers emblèmes, et portant, en ligne transversale, cette inscription : *Philomène, la paix avec toi !* Les emblèmes marqués sur la table d'argile étaient au nombre de six : — Une ancre de navire, pour attester que Philomène avait été jetée dans la mer ou dans un fleuve, avec une ancre au cou. — Une flèche : la sainte avait subi un supplice semblable à celui de saint Sébastien. — Une palme : elle était sortie victorieuse de ces épreuves. — Un fouet : elle avait donc été lacérée par cet instrument barbare, composé de lanières garnies de plomb, que les Romains réservaient d'abord aux esclaves et aux brigands, et plus tard aux chrétiens. On voyait encore deux dards accouplés en sens contraire, de façon que la pointe de l'un touchait la tête de l'autre : Philomène avait dû être exposée deux fois au même supplice ; mais, à la seconde fois, les traits, au lieu de suivre l'impulsion de l'arc et de frapper la martyre, s'étaient retournés contre ceux qui les tiraient. — Enfin, le sixième emblème était un lys, le sceptre de l'innocence et de la pureté, qui indiquait peut-être la cause de son martyre, et témoignait assurément qu'elle avait conservé intacte et immaculée la fleur de la virginité. — Mais cette fleur avait été rougie du sang de la jeune fille. Car, dans le cercueil même, près des ossements sacrés, était placée une urne de verre à moitié brisée ; aux parois du verre, du sang figé : la vierge avait donc fini ses combats par le tranchant du glaive.

Ces muets témoignages étaient assez clairs pour autoriser le culte que l'Eglise réserve aux vierges martyres. Mais Dieu voulait venger sa chaste épouse du long oubli qui avait pesé sur sa mémoire : il voulait étendre son culte jusqu'aux limites du monde ; et, dans ce but, il fit comme pour ces étoiles de première grandeur qui se révèlent au firmament, il environna Philomène des rayons les plus éblouissants. — Les hommes de notre génération se souviennent de l'éclat que prit tout à coup le nom de sainte Philomène. Nous avons été bercés aux chants consacrés à cette sainte ; sa douce lumière a éclairé notre enfance. Dès nos premières années, nous apprenions à invoquer celle que, dans toutes les chaires catholiques, on appelait alors la thaumaturge du XIXe siècle. — Parmi les prêtres qui ont le plus contribué à la glorification de la jeune vierge martyre, Jean-Marie-Baptiste Vianney occupe une place à part. Il lui a donné, on peut le dire, tout ce qu'il avait au cœur de sève et de tendresse. Je suis sûr de n'être démenti par aucun des nombreux témoins de la vie de notre vénérable qui sont ici présents, si j'affirme que le Curé d'Ars passait sa vie en ayant devant lui, comme dans une vision permanente, la figure idéalisée de sainte Philomène. Il l'avait sans cesse et sur les lèvres et devant les yeux, et dans l'esprit et au fond du cœur.

Elle embellissait son église pauvre et nue, elle ornait sa chambre vide, elle charmait ses nuits troublées par les assauts des puissances infernales ; elle rayonnait au-dessus de son presbytère et autour même de sa personne. Ah ! quand vous le regardiez passer, dans vos rues et vos places publiques, comme une âme qui serait à la recherche d'un rayon perdu, ce que cherchait le saint homme, ce qu'il voyait, ce qu'il appelait, c'était sa *chère petite sainte*. Ne lui demandez pas de regarder la terre, d'apprécier ce que le monde appelle beauté, grâce, santé, il vous répondra par cette parole du sage : *Plus que la santé, plus que la beauté terrestre, j'ai chéri cette vierge : super salutem et speciem dilexi illam.* — Quelle leçon, M. F., pour nous qui perdons notre vie à courir après tant de rêves, d'illusions et de chimères, qui laissons notre cœur se prendre à toutes les ronces, que dis-je ? à toutes les boues du chemin. Voilà pourquoi nous sommes si peu détachés, pourquoi lui le fut tant.

Mais nous avons un autre spectacle à contempler : c'est celui du saint Curé abritant sa sainteté derrière son humilité, et son humilité sous le manteau de sa chère petite sainte : *et proposui pro luce habere illam.*

II

Personne peut-être n'a mieux que le Curé d'Ars justifié la double signification du nom de Philomène. En grec, ce nom veut dire *chérie* : notre vénérable prêtre ne l'a-t-il point chérie pardessus toutes les choses de la terre ? *Super salutem et speciem dilexi illam.* — Dans la langue latine, Philomène signifie *fille de la lumière* : qui, plus que le saint Curé, s'est effacé, lui, ses œuvres et sa personnalité même, pour mettre la jeune sainte en lumière ? *Proposui pro luce habere illam.*

Cette dernière signification fut celle que les parents de Philomène attachèrent au nom de leur fille ; nous le savons par ce que la vierge martyre a révélé elle-même en plusieurs rencontres où l'erreur est logiquement impossible. — Elle a voulu nous faire savoir que son père régnait, au temps de Dioclétien, sur une petite peuplade de la Grèce : c'était un de ces princes que les Romains affectaient d'élever pour satisfaire le sentiment national des peuples vaincus, et auxquels ils laissaient juste assez d'autorité pour servir à la souveraineté du *peuple-roi.* — La mère de Philomène était aussi de sang royal ; mais, par une fatalité qu'ils attribuaient à leurs idoles, — car tous les deux étaient païens, — leur mariage était frappé de stérilité.

En ce temps-là, l'Eglise subissait cette dernière persécution, la plus longue de toutes et tellement acharnée que les tyrans se flattèrent, dans une inscription célèbre, d'avoir aboli le nom chrétien. Un proscrit, qui fuyait la persécution, vint chercher asile dans le palais des deux époux : il était médecin, et s'appelait *Publius.* Reconnaissant de leur accueil, touché de la douleur qui siégeait dans ce foyer vide de postérité, Publius leur parla de Jésus-Christ, et leur fit connaître ce Dieu, seul vrai et vivant, de qui procède toute paternité au ciel et sur la terre. — Les princes crurent, brisèrent leurs idoles et reçurent le baptême. Quelque temps après, le 10 janvier, ils eurent une fille qu'ils appelèrent

Lumena, lumière, parce que leurs yeux avaient, pour l'amour d'elle, reçu la lumière de l'Evangile ; et, pour marquer qu'elle aussi devait sa naissance à leur foi, ils l'appelèrent, à son baptême, *Fi-lumena, fille de la lumière*. L'enfant justifia ce beau nom : à cinq ans, elle fondait en larmes à la vue d'un crucifix ; à onze ans, elle se consacrait à Dieu, et, à l'exemple de Marie, lui vouait sa virginité.

Cependant Dioclétien, saisissant un de ces prétextes que Rome tenait toujours en réserve pour autoriser ses desseins ambitieux, résolut de porter ses armes dans le petit Etat que gouvernait le père de Philomène. Pour conjurer ce péril, le prince menacé se rendit à Rome avec sa femme et sa fille. Ils sont introduits devant l'Empereur ; à peine le roi a-t-il parlé, « Bannissez toute crainte de votre esprit, reprend l'Empereur, et ne vous inquiétez plus que d'être heureux. Loin de vous faire la guerre, je vous offrirai, s'il est besoin, toutes les forces de l'Empire. En retour, je n'exige qu'une chose, la main de votre fille. » — Le père de la jeune vierge se croit au comble du bonheur ; il ne savait pas encore ce que fait la grâce de Dieu, quand elle répand dans une âme l'amour de la sainte virginité. C'est de cet amour qu'on peut dire qu'il est plus fort que la mort, plus puissant que l'enfer. Que ne donnera pas Philomène pour l'amour de la virginité ? Les flatteries et les menaces, les supplications d'un père et les offres d'un amant aussi puissant que passionné, les larmes d'une mère et toutes ces voix intérieures qui, en de pareils moments, résonnent au cœur d'une jeune fille, rien ne l'émeut. — Vaincu dans sa passion, outré dans son orgueil, le tyran emploie l'arme des lâches, la violence et l'abus de la force. Vains efforts ! Après vingt-sept jours de cachot, la jeune fille est inébranlable comme au premier moment. Il faudra donc recourir aux supplices. — Philomène ! l'épreuve sera terrible : ah ! ne vous troublez point, chère enfant ! Voyez cette lumière qui illumine le fond de votre cachot ; entendez cette voix plus suave que celle des anges : c'est la voix de Marie, la mère de Dieu et la reine des vierges. — « Courage, ma fille, dit-elle ; ne sais-tu pas que je t'aime d'un amour de prédilection ? Ton nom en est le gage, parce qu'il ressemble à celui de mon fils et au mien ; car tu t'appelles *fille de la lumière* ; et Dieu, ton père et ton époux, s'appelle Lumière et Soleil, et à moi aussi on donne les titres d'Aurore et d'Etoile. Ne crains rien, je te soutiendrai. Aujourd'hui, tu n'écoutes que la nature, et tu te sens faible. A l'heure du combat, la grâce te rendra forte : ton ange, qui était aussi le mien, Gabriel, dont le nom marque la puissance, descendra pour te secourir. Je te recommanderai à sa sollicitude, comme ma fille bien-aimée entre toutes. »

Maintenant, le bourreau peut faire son œuvre. — Viens, Dioclétien, toi qui as fait périr ta femme et ta fille dont le seul crime était d'être chrétiennes ; viens, toi qui as inondé l'univers du sang le plus pur ; viens, tigre à face humaine, torture cette enfant de treize ans : tu la tueras, et puis tu iras vivre ou plutôt mourir, au milieu de tes laitues à Salone, en faisant du sentimentalisme à la façon des bourreaux ; et nous, après quinze siècles, nous honnirons ta mémoire, et nous glorifierons ta victime !

C'est ici que se vérifient tous les emblèmes trouvés au tombeau de la vierge martyre. — Elle est flagellée de la tête aux pieds, jusqu'à ce que, succombant, elle est portée dans son cachot, pour y mourir. Mais, ô merveille ! comme elle gisait inanimée sur le sol, deux anges, au radieux visage, l'entourent tout à coup. Ils lavent ses plaies avec un baume miraculeux qui les guérit, et rendent à son corps plus de vigueur que jamais. Averti du prodige, Dioclétien s'assure de la guérison, et il essaie encore de séduire la jeune fille : elle reste impassible. — « Qu'on lui attache une ancre au cou, hurle le persécuteur, et qu'on la précipite dans le Tibre ». Les bourreaux obéissent, mais les anges sont là, qui rompent les cordes et portent doucement Philomène jusqu'aux bords du fleuve, au milieu d'une foule de spectateurs. — C'est une magicienne, s'écrient les païens ; mort à l'enchanteresse ! meure la sorcière ! — Oui, qu'elle meure, dit le tyran. Il la fait promener avec ignominie à travers les rues de la ville, et ordonne de la tuer à coups de dards. Son corps en est tout couvert, son sang ruisselle de tous ses membres : elle s'évanouit. Reportée en sa prison, sa défaillance se change en un paisible sommeil ; tous les javelots attachés à ses chairs tombent subitement d'eux-mêmes ; ses blessures se ferment, et, à son réveil, il ne paraît plus sur son corps aucune trace de son supplice. — « Ah ! elle n'a point souffert de vos traits, répond l'Empereur ; eh bien ! recommencez jusqu'à ce qu'elle ait expiré, et que vous en soyez sûrs. »

La jeune vierge franchit de nouveau le seuil de la prison ; mais c'est pour la dernière fois. C'est le quarantième jour de la passion de Philomène : après la sainte quarantaine, vient le jour de la mort, disons mieux, le jour de la résurrection. — Qu'ils se lamentent ceux qui n'ont point la foi comme nous ; qu'ils déplorent le sort de cette jeune fille qui, en un moment, va tout perdre, j'entends tout ce que le monde aime et admire, jeunesse, beauté, fortune, jouissances du présent, et surtout rêves de l'avenir. Je comprends le poète qui, devant un de ces spectacles, s'écrie :

> Ah ! pleure, fille infortunée !
> Ta jeunesse va se flétrir,
> Dans sa fleur trop tôt moissonnée ;
> Adieu, beau ciel ! il faut mourir.
> Tu ne reverras plus tes riantes campagnes,
> La Grèce et ses palais, les jardins pleins de fleurs,
> Ta vieille mère, et tes compagnes,
> Et ton père expirant sous le poids des douleurs.

Que le poète chante ainsi, à la bonne heure ! Mais une chrétienne, une épouse de Jésus-Christ ne connait ni ces amollissements, ni ces larmes. Elle va au supplice, sans faiblesse, sans fierté, le calme sur le front, la joie au cœur, et dans l'âme une paix qui surpasse tout sentiment.

Postés à peu de distance, les archers bandent leurs arcs, et ajustent... O prodige ! les flèches ne fendent point l'air, et tombent sans force sur la terre. — « Pour le coup, c'est de la magie, s'écrie Dioclétien ; elle a enchanté les traits ; qu'on les fasse rougir dans la fournaise, avant de les jeter. » — Vaine précaution ! Les traits lancés contre la sainte retournent en arrière et frappent ceux-là même qui cherchent à l'en percer : six d'entre eux sont blessés mortellement. Plusieurs, saisis d'épouvante, confessent la puissance du Dieu qui défend Philomène, et se convertissent. — Au comble de la rage, le tyran commande enfin qu'on lui tranche la tête. — C'est assez, tyran ; Jésus-Christ a déjoué ton dessein : tu voulais souiller son épouse, en lui infligeant le supplice infâme des esclaves ; il t'a forcé de lui décerner la mort noble du citoyen romain, la mort par le glaive. — Et, pour toi aussi, jeune vierge, c'est assez. *Veni, sponsa Christi ; viens, épouse du Christ ! accipe coronam quam tibi Dominus præparavit in æternum ; reçois la couronne que le Seigneur t'a préparée pour l'éternité.*

C'était le 10 août, un vendredi, à la neuvième heure du jour. Et, il y a vingt-deux ans, presque à pareil jour, elle recevait à la porte du paradis un des prêtres qui ont le plus contribué à la glorifier sur la terre, Jean-Marie-Baptiste Vianney. — Que n'a point fait notre vénérable Curé pour environner de lumière sa *chère petite sainte*? Il résolut d'abord de l'associer à son action dans la paroisse et de partager en quelque sorte avec elle la charge pastorale. Dans ce but, il lui consacra une chapelle dans votre vieille église. Qui d'entre vous ne connait cette chapelle? qui n'y a fait sa prière? qui ne s'y est agenouillé pour demander à la sainte une grâce, la remercier d'un bienfait obtenu? — Et qui pourrait dire la part de sainte Philomène dans la régénération de cette paroisse? Si vous êtes, M. F., une des meilleures populations du diocèse, une des plus pieuses et des plus ferventes, ne le devez-vous pas à celle que votre saint Curé a toujours mise en avant, et dont il voulut, en quelque sorte, durant toute sa vie, n'être que le vicaire? Elle était la raison de toutes vos fêtes, comme elle en faisait l'ornement.

Il est vrai qu'elle ne fut pas en reste vis-à-vis de son fervent admirateur. Elle lui a obtenu la santé et la vie. Rappelez-vous ce qui se passait ici en 1843; c'était aux premiers jours du mois de Marie. Votre saint Curé, dévoré par un mal intérieur, se débattait contre la mort. Déjà, il avait reçu le saint Viatique. Dans la cour du presbytère et jusque sur cette place, vous étiez agenouillés, priant et répandant des larmes. Tout à coup, un prêtre voisin a l'inspiration de célébrer la messe sur l'autel de sainte Philomène. Dans le moment même, le malade, que la fièvre ne quittait plus, s'endormit d'un paisible sommeil. « Je ne sais ce qui se passa, dit un des témoins; mais depuis lors, il a été de mieux en mieux jusqu'à son complet rétablissement. » Ce fut parmi vous un cri général : sainte Philomène est apparue à M. Vianney, disiez-vous; et vous fûtes tous persuadés que, dans ce colloque mystérieux, il fut dit des choses qui ont fait, jusqu'au terme de sa longue vie, la consolation du saint prêtre.

Laissez-moi rappeler le témoignage de l'instituteur, qui jour et nuit, était à son chevet : — « Avant que le saint sacrifice commençât, dit-il, M. le Curé me parut être dans l'attitude d'un homme qui s'effraie. Je remarquai en lui quelque chose d'extraordinaire. J'observai tous ses mouvements avec un redoublement d'attention : je crus que l'heure fatale était arrivée, et qu'il allait rendre le dernier soupir. Mais, dès que le prêtre fut à l'autel, il se trouva tout à coup plus tranquille. Il me fit l'effet d'un homme qui voit quelque chose d'agréable et de rassurant. La messe était à peine finie, qu'il s'écria : — « Mon ami, il vient de s'opérer en moi un grand changement, je suis guéri ! » — Je restai convaincu, ajoute l'instituteur, que M. Vianney venait d'avoir une vision ; car je l'avais entendu murmurer, plusieurs fois, le nom de sa protectrice, ce qui me porta à croire que sainte Philomène lui était apparue ; mais je n'osai pas l'interroger. »

A dater de ce moment, le pélerinage d'Ars, vous l'avez tous constaté, prit une activité prodigieuse. Que s'était-il donc passé, entre le curé et sa chère petite sainte ? Serait-ce une témérité d'affirmer qu'il y eut une confirmation explicite du pacte mental fait depuis longtemps dans l'esprit du saint prêtre ? Il attribuait à sa chère petite sainte les conversions éclatantes et les guérisons miraculeuses ; et la sainte, à son tour, l'aidait à guérir les malades et à convertir les pécheurs. Derrière la gloire de la vierge martyre, la puissance surnaturelle du prêtre se donnait un libre cours, sans que son humilité pût en souffrir. Parmi les prodiges innombrables qui se sont accomplis ici sous vos yeux, je ne sais s'il en est un que le thaumaturge d'Ars n'ait trouvé le secret d'attribuer de près ou de loin à la grande thaumaturge du XIXe siècle. — Celui-ci est guéri parce qu'il a prié dans la chapelle de sainte Philomène ; celui-là doit sa conversion à une neuvaine en l'honneur de la Vierge martyre ; cet autre persévère parce qu'il est dévot à la *chère petite sainte* : c'est elle qui opère tous les prodiges, et qui fait tout réussir, même les choses les plus extraordinaires et, si je puis ainsi dire, les plus impossibles. — Admirables délicatesses de la sainteté ; pudeur divine d'une âme sainte qui, s'ignorant elle-même, cherche de bonne foi à se dérober sous le voile de l'humilité ! Puissance non moins admirable de l'humilité qui, sans entraîner l'esprit hors du vrai, nous montre au-dessus de nous la source et la cause de tout ce qui est bon, pour ne nous dévoiler que nos misères, comme notre bien propre et personnel !

Et, ce qui n'est pas moins admirable, c'est de voir un saint vivant qui commande à un saint déjà glorifié, et lui fait, à son gré, accepter ses ordres. Tel était le crédit illimité de votre Curé sur sainte Philomène, et la condescendance inouïe de la sainte pour votre Curé. Ecoutez-en la preuve que je trouve chez l'un de vos historiens : — « Depuis quelque temps, on ne voyait plus dans Ars de ces guérisons éclatantes qui causaient si souvent, parmi les pélerins, des émotions indicibles. Le public étonné commençait à se préoccuper de ce silence du ciel : on soupçonna quelque mystère. Le digne prêtre, qui porte en ce moment le glorieux titre de Curé d'Ars, s'approche du vénérable Vianney : « Mon Père, lui dit-il, vous ne savez peut-être pas le bruit fâcheux qui court sur votre compte : on vous accuse d'avoir défendu à sainte Philomène de faire de nouveaux miracles ». — Le fait était vrai ; le saint Curé, ainsi surpris, ne songe pas même à le nier ; il tente seulement de justifier cette étrange conduite. « Mon ami, dit-il, ces guérisons font trop d'éclat. Aussi j'ai dit à sainte Philomène de guérir les âmes tant qu'elle voudrait, mais, pour les corps, de les guérir ailleurs. C'est ainsi qu'à présent les choses se passent. Plusieurs ont commencé ici leur neuvaine et ont été guéris chez eux ; et alors, *ni vu, ni connu ; c'est bien mieux !* »

Après tout ce que nous venons de dire, je comprends ce qui s'est fait ici, ce qui va se faire aujourd'hui en l'honneur de sainte Philomène. Oui, je comprends tout ce qui s'est fait : d'abord, ces oboles amassées une à une pour construire un autel à la *petite sainte* ; puis, ces oboles se multipliant, le projet de construire un sanctuaire tout entier. Le vénérable Curé le veut ainsi : il prend la plume, il ouvre lui-même la liste, et, s'obligeant personnellement pour la somme de mille francs, il écrit ces paroles si connues qui ont fait couler des ruisseaux d'or : « Je prierai le bon Dieu pour ceux qui m'aideront à bâtir une belle église à sainte Philomène. » — L'église est bâtie, par quels prodiges de dévouement et de charité ? il pourrait nous le dire, ce prêtre qui est ici et qui m'écoute. L'église est bâtie, gracieux et splendide sanctuaire, formant une couronne à l'ancienne église, à cette vieille église d'Ars dont le saint Curé avait, pendant près de quarante ans, fait le vestibule du ciel. Elle s'élève dans les airs, l'élégante coupole, abritant l'autel de sainte Philomène qui attire les regards, et où l'on ne sait qu'admirer le plus, ou la richesse de la matière, ou la beauté de la conception, ou la délicatesse du travail. Tout autour, un pinceau inspiré par la foi a retracé, en quelques grands tableaux, la passion de Philomène telle que nous la racontions tout à l'heure ; — épopée sublime, où chacun peut lire : ici, le prix de la virginité ; là, les séductions du monde se brisant contre la conscience d'une enfant, grain de sable où expirent les flots furieux ; plus loin, la protection de Dieu sur l'âme qui donne sa vie ; et puis, le parfum de cette fleur qui, née sur le calvaire, à l'ombre de la croix, s'appelle la souffrance pour Dieu ; et enfin, le paradis, la joie, la paix et le bonheur partout et toujours.

Et pour compléter ce que le vénérable Curé avait promis à sa *chère petite sainte*, voilà que nous allons inaugurer une autre œuvre d'art, une statue digne de figurer parmi tant de merveilles. Sainte Philomène sera, non plus seulement dans votre église, mais à l'entrée de votre bourg pour recevoir les pèlerins, les bénir à leur arrivée, leur montrer le cher sanctuaire, et, de sa main toujours levée, protéger votre paroisse, vos champs, vos travaux, vos maisons et vos personnes. — Ah ! chère sainte, c'est un beau jour pour nous que celui-ci. Nous pouvons enfin donner au vœu du saint Curé son dernier complément, en vous consacrant cette statue monumentale. Vous le voyez, (s'il est permis de rehausser, non pas notre don, mais notre piété envers vous), vous le voyez, nous n'y avons rien épargné : la matière, le travail, l'habileté de l'artiste ; nous avons voulu tout réunir pour vous honorer. A peine ai-je donné le signal, que tout ce peuple, tout ce diocèse, tous les pèlerins d'Ars ont voulu généreusement contribuer à notre œuvre, pour l'amour de vous. — Sainte Philomène, bénissez ce peuple que vous avez si particulièrement aimé ; bénissez ce diocèse qui est à vos pieds ; bénissez nos chers pèlerins et continuez de leur accorder ici des grâces dont nous vous serons tous reconnaissants. — Et enfin, daignez surtout écouter ce dernier vœu : n'oubliez pas que notre saint Curé vous a aimée plus que tout sur la terre, *super salutem et speciem dilexi illam* ; montrez que vous l'aimez aussi dans le ciel. N'oubliez pas qu'ici-bas, il vous a toujours mise en lumière, et que, dans ce moment même, c'est lui qui, par nos mains, place votre statue comme un phare lumineux au devant de la paroisse d'Ars, *proposui pro luce habere illam* ; — Aidez-nous, vous aussi, à mettre notre saint en lumière ; conduisez-nous dans l'affaire si importante de sa béatification, et obtenez-nous la joie (joie immense !) de pouvoir bientôt, dans cette église qui est la vôtre et la sienne, lui dédier une statue et un autel ! Ainsi soit-il.

Bourg, imp. Villefranche. — 880-81